AF267111

HISTOIRE

DE M.

PROUDHON

ET DE

SES PRINCIPES

PAR

SATAN.

« Le cœur du prolétaire n'est qu'un égoût de sen-
« sualité bouillonnante, un foyer de luxure et d'im-
« postures. » P.-J. PROUDHON,
Représentant du peuple.

PRIX : 15 CENTIMES.

Quatrième édition.

PARIS

GEORGES DAIRNVÆLL, ÉDITEUR,

RUE RAMEAU 7 (PLACE LOUVOIS).

1849

— Citoyens, la propriété c'est le vol.
— Tous : Bravo, bravo, bravo !

HISTOIRE

DE

M. PROUDHON

ET DE

SES PRINCIPES

PAR

SATAN.

> « Le cœur du prolétaire n'est qu'un
> « égout de sensualité bouillonnante,
> « un foyer de luxure et d'imposture. »
>
> P.-J. PROUDHON,
> (*Représentant du peuple.*)

PARIS

GEORGES DAIRNVÆLL, ÉDITEUR,

RUE RAMEAU, 7 (PLACE LOUVOIS).

1849

HISTOIRE

DE

M. PROUDHON.

« J'ai été, pendant un mois entier, livré aux
« chacals de la presse et aux chats-huants de la
« tribune. Jamais homme, ni dans le passé, ni dans
« le présent, ne fut l'objet de tant d'exécration que
« je le suis devenu par ce seul fait que je fais la
« guerre aux Antropophages. »

P.-J. PROUDHON.

Non, vous ne nous persuaderez pas que,
hormis vous, citoyen Proudhon, il y ait
encore des antropophages en France. Quant
aux chats-huants de la tribune et aux chacals de la presse, ils ont attaqué vos mauvaises doctrines et votre détestable orgueil.
Si c'est pour cela que, vous et vos amis,
vous leur prodiguez l'injure, ils en sont
fiers; car vous vous êtes jugé vous-même
dans ces quelques lignes : « Les calom-
« niateurs de la République sont ceux qui
« la déchirent parce qu'ils la comprennent;

« ceux qui la trahissent et qui l'exploitent,
« parce qu'ils se jouent de tout, de la Ré-
« publique comme de la monarchie et de
« la *religion*. »

Les principes de M. Proudhon ne sont
pas nouveaux, quoi qu'il en dise; il les a
trouvés en feuilletant l'*Encyclopédie* de
d'Alembert et Diderot; il les a trouvés dans
les infâmes livres d'alcôves, éclos à la fin
du XVIIIᵉ siècle; il les a trouvés dans les
écrits de Dulaurens et de Morelli, de d'Hol-
bach et de Mirabeau père, cet *ami des
hommes*, qui fut l'être le plus dur et le plus
impitoyable de son siècle. De tout cela
et de ses mauvaises pensées il a fait un
tout, qu'il intitule son système.

Le citoyen Proudhon a la prétention de
représenter le *socialisme!* le débitant de
poison met une étiquette menteuse sur ses
bocaux d'arsenic. Qu'espère-t-il avec cette
manœuvre? tuer la propriété, ou tuer le
socialisme?

L'un et l'autre peut-être.

Et c'est parce que je vois en lui l'adver-
saire du socialisme et de la propriété que

je veux le combattre à outrance. Ce n'est pas au moment où la philanthropie tâche de moraliser les bagnes, que l'on doit laisser démoraliser la société tout entière par un analiste orgueilleux et malfaisant.

M. Proudhon n'est pas un socialiste, c'est un démolisseur. Ce n'est pas un sectaire ardent et convaincu, c'est un sophiste. Pour attirer l'attention sur lui, il lui importe peu de frapper juste, il aime mieux frapper fort. C'est ainsi qu'il s'est écrié : LA PROPRIÉTE, C'EST LE VOL, quand il aurait pu dire avec justice : *L'abus de la propriété, c'est le vol.*

Le mal n'est pas dans la propriété, mais dans l'abus de la propriété. L'abus d'une liqueur fortifiante, c'est la mort; faut-il s'écrier pour cela que cette liqueur est un poison?... Voilà cependant comment procède le citoyen Proudhon.

Si le citoyen Proudhon aimait le peuple, il ne chercherait pas à faire du socialisme un épouvantail, il le rendrait attrayant, il prouverait enfin que le *socialisme* est le principe du bonheur social ; il ne demanderait pas l'abolition de la propriété, mais sa réglementation ; il n'en appellerait pas à la violence, mais à la raison.

Depuis trente ans les loyers ont augmenté d'une manière effrayante, et c'est là un abus de la propriété qu'il faudrait réprimer, parce que cet abus attaque surtout l'industrie et le commerce, et que le capital mort (l'immeuble) tue le boutiquier ou le fabricant. Il faudrait que l'Etat pût régler lui-même le prix des loyers comme il règle le prix du pain. Ce prix n'est plus en rapport aujourd'hui ; partout la propriété se loue avec usure. Mais, dira-t-on, toucher aux loyers, c'est attenter à la propriété. Napoléon attenta-t-il à la propriété quand il réduisit le taux légal de l'argent au cinq pour cent ? — Évidemment non. Eh bien, ce que Napoléon a fait, l'Assemblée nationale a le droit de le faire ; qu'elle réduise les loyers à leur juste valeur, et pour que l'Etat ne perde rien, qu'elle dégrève le propriétaire proportionnellement à la réduction des loyers et qu'elle porte ce dégrèvement sur le locataire. Ce qui tue aujourd'hui l'industrie, c'est la tyrannie du capital mort, c'est le prix usuraire des emplacements et des boutiques.

Voici ordinairement ce qui arrive : un marchand loue un magasin pour un certain nombre d'années ; à la fin de son bail, quand il se présente pour le renouveler, son propriétaire demande une forte augmentation, augmentation basée sur les affaires du marchand qui se trouve ainsi obligé de payer à l'oisiveté l'impôt du travail, ou bien il faut qu'il abandonne sa clientèle et qu'il aille de nouveau fonder ailleurs un nouvel établissement.

— Est-il juste? est-il moral qu'un propriétaire oisif dispose ainsi de la fortune et de l'honneur du commerçant, car lui imposer de nouvelles charges, c'est grever peut-être son présent et son avenir, c'est peut-être écrire son nom sur le livre des faillites de l'année.

Que l'on ne me dise pas que ce n'est là qu'un fait exceptionnel, car je pourrais nommer par centaines les propriétaires qui se livrent à ce calcul odieux.

La réglementation des loyers par l'Etat serait donc une mesure juste et utile, une mesure qui rendrait de grands capitaux à l'industrie et permettrait aux marchands d'employer un plus grand nombre de bras.

Je ne pose cependant pas cette proposition comme le salut de l'humanité ; je la crois bonne, mais je puis être dans l'erreur, et il n'y a que les faux prophètes qui ne veulent pas en convenir.

Ce que je veux avant tout c'est le bonheur de mon pays, le bonheur du peuple ; améliorer la condition des travailleurs est un devoir pour tous, mais la condition des commerçants n'est pas moins digne d'intérêt. Jeter la division au sein du peuple en le partageant en *bourgeois* et en *prolétaires,* c'est faire œuvre de mauvais citoyen ; cette œuvre c'est celle du citoyen Proudhon !

Pourquoi diviser la France en deux camps ? Pourquoi fermer aux prolétaires les rangs de la bourgeoisie ? et d'abord qu'est-ce que la bourgeoisie ? qu'est-ce que le bourgeois ? D'après le sens rigoureux du mot le bourgeois est celui qui ne travaille pas, c'est l'oisif qui vit de ses rentes, c'est en un mot le propriétaire.

D'après M. Proudhon et sa mauvaise queue le bourgeois n'est autre que le commerçant ; tout homme qui peut avoir un crédit ou des instruments de travail est un bourgeois ; pour peu qu'il possède, le citoyen Proudhon l'appelle un voleur.

Qu'est donc le citoyen Proudhon ? ce prolétaire de la plume qui vend ses élucubrations le plus cher possible et qui reçoit en outre 25 francs par jour à l'Assemblée nationale ? Vous avez beau faire, oh ! blond Attila de la propriété ! vous êtes un bourgeois, mais, je me hâte de le dire, un très-mauvais bourgeois, comme vous êtes un très-mauvais citoyen. En voici la preuve : Votre associé, M. Fauvetty, riche bonnetier du faubourg Saint-Denis, pourrait aisément faire le cautionnement de votre journal, mais il y a des chances à courir, et vous vous écriez : *La presse du pauvre est morte*, et vous tendez la main à ces prolétaires que vous trompez, pour que, s'il y a des pertes ou des amendes, elles ne tombent pas sur votre argent, mais sur les gros sous du peuple.

Depuis douze ans je défends le peuple, moi aussi, mais je le défends à mes frais et non pas aux siens, et je ne le flatte pas. Vous, citoyen Proudhon, voilà comment vous traitez les prolétaires dont vous vous dites le représentant; il est vrai que vous n'écrivez cela que dans des ouvrages à 8 fr. le volume. Le peuple ne peut pas vous lire là, citoyen Proudhon, et bien il vous lira dans cette brochure.

« Le cœur du prolétaire, comme celui
« du riche, n'est qu'un égout de sensualité
« bouillonnante, un foyer de luxure et
« d'impostures. »

Voulez-vous voir maintenant comment le citoyen Proudhon comprend la fraternité, la charité et la vertu, lisez :

« Vainement vous me parlez de frater-
« nité et d'amour. Je reste convaincu que
« vous ne m'aimez guère, et je sens très-
« bien que je ne vous aime pas. »

« La charité c'est une infâme mystifica-

« tion. Souvenez-vous et n'oubliez jamais
« que la pitié, le bonheur et la vertu, de
« même que la patrie et la religion, sont
« des masques. »

Est-ce là le langage d'un SOCIALISTE ?
cela est mauvais et cynique, mais ce n'est
rien encore : cet homme va insulter Dieu ;
il va écrire les lignes suivantes sans que
sa plume se brise. Il compte sur le scan-
dale qu'il va faire ; un peu plus un peu
moins d'infamie, que lui importe ? *on par-
lera de lui.*

— « La conclusion de la science sociale
« est celle-ci : il n'y a pour l'homme qu'un
« seul devoir, qu'une seule religion, c'est
« de renier Dieu. *Hoc est primum et maxi-
« mum mandatum.*

« Que le prêtre se mette enfin dans l'es-
« prit que la véritable vertu, celle qui
« nous rend digne de la vérité éternelle,
« c'est de lutter contre la religion et con-
« tre Dieu.

« Dieu est essentiellement hostile à no-
« tre nature, et nous ne relevons aucune-
« ment de son autorité. Nous arrivons à

« la science malgré lui, au bien-être malgré
« lui ; chacun de nos progrès est une vic-
« toire dans laquelle nous écrasons la di-
« vinité.

   « Dieu, te voilà détrôné et brisé. Ton
« nom si longtemps l'espoir du pauvre, le
« refuge du coupable repentant, ce nom
« désormais voué au mépris et à l'ana-
« thème, sera sifflé parmi les hommes ;
« car Dieu, c'est sottise et lâcheté, hypo-
« crisie et mensonge, tyrannie et misère ;
« Dieu, c'est le mal. Tant que l'humanité
« s'inclinera devant un autel, l'humanité
« sera réprouvée. Dieu ! retire-toi ; car,
« dès aujourd'hui, guéri de ta crainte et de-
« venu sage, je jure, la main étendue vers
« le ciel, que tu n'es que le bourreau de
« ma raison. »

   Hélas ! ces tristes blasphêmes méritent
plus de pitié que de colère, plus de dé-
goût que de mépris. Mais, de bonne foi,
l'homme qui a été assez malheureux pour
écrire de pareilles lignes, cet homme peut-
il être le régénérateur d'une société ?

   Qu'on applaudisse à Proudhon comme

on applaudit aux tours de force d'un acro-
bate, je le conçois; il y a quelquefois de
l'originalité dans ses paradoxes, et le mensonge est toujours mieux vêtu que la vérité. Mais faire de Proudhon le chef sé-
rieux du socialisme, l'enivrer d'éloges, lui
prodiguer l'encens pour tuer avec lui, sans
peine et sans efforts, toutes les idées so-
ciales, voilà ce que je ne saurais admet-
tre. Voilà pourtant l'œuvre de M. Thiers.
Il y a entre ces deux hommes plus de liens
qu'on ne pourrait le croire d'abord. Car
tous deux sont ennemis de la propriété.
M. Thiers lui porte un coup fatal en re-
poussant toutes les concessions qui peu-
vent la sauver et toutes les réformes qui
sont justes et utiles. M. Proudhon l'attaque de son côté avec les armes de la mauvaise foi et en faisant un appel aux mauvaises passions de l'humanité.

MM. Thiers et Proudhon sont les logi-
ciens du faux et du mensonge; tous deux
représentent une personnalité égoïste et
non pas un principe.

M. Thiers veut faire repousser *le droit*

au travail, parce qu'il n'aime pas le peuple et qu'il aime la féodalité financière...
M. Proudhon ne crie si fort : — « *Le droit au travail, c'est le communisme, le droit au travail, c'est l'abolition de la propriété,* » que parce qu'il espère ainsi faire repousser le droit au travail par l'Assemblée nationale, retarder l'amélioration du sort des travailleurs et jeter ainsi dans le cœur des pauvres le levain de la guerre civile.

Est-ce clair ?

Voilà comment MM. Thiers et Proudhon s'entendent pour aimer le peuple.

Dans des accès de folie ou de franchise, le lecteur choisira, le citoyen Proudhon expose ses principes dans toute leur nudité. Exemple :

« Ils veulent que le travail soit com-
« mandité par des écus, par le capital,
« tandis que le travail doit créer le capi-
« tal de rien et se commandite lui-même
« par la réciprocité de l'échange.

« Nous nions le pouvoir et le numé-
« raire ; notre principe est la négation de

« tout dogme, notre première donnée le
« néant ; nier, toujours nier, voilà notre
« méthode de construction en philosophie.
« C'est par suite de cette méthode néga-
« tive que nous avons été conduits à poser
« en principes, en religion l'ATHÉISME, en
« politique l'ANARCHIE, en économie po-
« litique la NON-*propriété*.

Ainsi l'athéisme, l'anarchie et le vol ;
car la *non-propriété* n'est pas autre chose :
telles sont les bases de la société suivant
l'esprit du citoyen Proudhon.

Son système est une calomnie contre la
France et contre la société tout entière ;
car la propriété, c'est la civilisation. Vous
pourrez détruire la propriété pour un jour,
elle se reconstituera dès le lendemain,
et il n'y aura de changés que les propriétaires. C'est-à-dire que vous aurez arraché
par la force l'héritage paternel ou le fruit
du travail pour en faire une dotation aux
voleurs.

La terre n'appartient à personne, dites-
vous ; elle fut *volée* par le premier occu-
pant. Il y a eu peut-être, il y a mille ans

et plus, quelque chose de vrai dans ce que vous dites. Mais nos propriétaires en France sont légitimement propriétaires.

L'Algérie, pays fertile que la colonisation va féconder encore, va être partagée aux ouvriers sans travail que la misère va créer agriculteurs. Dans vingt ans, dans trente ans, ce sol donné pour rien aura peut-être une grande valeur due au travail des colons. Eh bien, d'après vous, ces hommes, qui auront passé trente ans à labourer la terre, à la rendre fertile, pour que leurs enfants aient moins de travail et plus de repos, ces ouvriers honnêtes et laborieux qui, pour augmenter la valeur du don que la France leur aura fait, se seront exposés aux balles des Arabes et aux dangers du climat de l'Afrique, ces prolétaires, devenus propriétaires, ne seront donc que des voleurs?

Votre doctrine, citoyen Proudhon, renferme donc l'ouvrier dans un enfer d'où elle lui défend de sortir! Oh! je le sais, pour les hommes comme vous, il faut que le peuple souffre; il faut que la faim et la misère troublent sa raison pour qu'il écoute vos conseils empoisonnés, pour qu'il aille derrière la barricade où vous le poussez, tandis que vous restez chez vous, tremblant lâchement devant vos livres.

Votre précurseur Babœuf ne tremblait pas, au moins ; il avait moins de cynisme que vous, mais il avait plus de courage. Pour le prouver, je vais placer en regard vos doctrines :

DOCTRINES DE G. BABOEUF SUR LA PROPRIÉTÉ.

« La propriété de tous les biens renfermés dans le territoire national est une, et appartient inaliénablement au peuple, qui a seul le droit d'en répartir l'usage et l'usufruit.

« La nature a donné à chaque homme un droit égal à la

DOCTRINES DE PROUDHON SUR LA PROPRIÉTÉ.

« La propriété c'est le vol ! Il ne se dit pas en mille ans deux mots comme celui-là. Je n'ai d'autre but sur la terre que cette définition de la propriété. Mais je la tiens plus précieuse que les millions de Rothschild ; elle sera l'événement le plus considérable du gouvernement de Louis-Philippe. M. Miche-

BABŒUF.

jouissance de tous les biens.

« *La terre n'est à personne ; les fruits de la terre sont à tout le monde.* Nous déclarons ne pouvoir souffrir davantage que la très-grande majorité des hommes travaille pour le bon plaisir de l'extrême minorité.

« Le travail nécessaire au maintien de la société, également réparti sur tous les individus valides, est pour chacun d'eux un devoir dont la loi exige l'accomplissement. Qu'il ne soit fait d'autre différence parmi les hommes que celles de l'âge et du sexe. *Puisque tous les hommes ont les mêmes besoins et les mêmes facultés,* qu'il

PROUDHON.

let m'a répondu qu'il y a en France VINGT-CINQ MILLIONS DE PROPRIÉTAIRES qui ne se dessaisiront pas. *Pourquoi suppose-t-il qu'on ait besoin de leur consentement* (1) ?

« Pense-t-on que les travailleurs ne se lèveront pas dans leur colère et qu'une fois maîtres dans leur vengeance, *ils se reposeront dans l'amnistie ?*

« Je crois que la bourgeoisie a mérité tous les maux dont on la menace, et mon *devoir* est d'établir la preuve de sa culpabilité.

« La propriété, régime de spoliation et de misère, doit périr aussitôt que la *civilisation* aura acquis la

(1) Est-ce clair ? la population étant de trente-cinq millions d'hommes, M. Proudhon appelle les dix millions de non propriétaires à dépouiller les autres. C'est la morale de Cartouche.

BABŒUF.　　　　PROUDHON,

n'y ait donc plus pour eux qu'une seule éducation, qu'une seule nourriture. Il sse contentent d'un seul soleil et d'un même air pour tous. Pourquoi la même portion et la même qualité d'aliments ne suffirait-elle pas à chacun d'eux ?

« Ce qui n'est pas communicable doit être sincèrement retranché.

« La Révolution française n'est que l'avant-courrière d'une autre révolution bien plus grande, bien plus solennelle, et qui sera la dernière. »

conscience de ses lois.

« La propriété, par principe et par essence, est immorale ; conséquemment, le code qui détermine les droits de la propriété est un code d'immoralité ; la jurisprudence, cette prétendue science du droit, est immorale.

Et la justice, qui ordonne de prêter main-forte contre *ceux qui voudraient s'opposer aux abus de la propriété*, la justice qui *afflige* quiconque est assez osé pour prétendre réparer les outrages de la propriété, la justice est infâme ! et la propriété qui est sortie de l'odieuse lignée de la justice est infâme ! »

Comme ce bon M. Babœuf paraît naïf et timide à côté du citoyen Proudhon ! Il est vrai que Babœuf se proposait d'expulser les riches de leurs maisons et d'y loger les pauvres, en laissant toutefois aux riches un logement indispensable.

Comme le citoyen Proudhon, il voulait faire la liquidation de la société avec ou sans son consentement, avec un petit moyen coërcitif que l'on appelait alors *la guillotine.* M. Proudhon ne dit pas le mot, mais on sait assez ce qu'il pense.

Le premier mot du système babouviste, comme le premier mot du système proudhonnien, est une dictature sanglante.

On appelait cela, en 1793, battre monnaie au pied de l'échafaud.

Le citoyen Proudhon appelle cela procéder à la liquidation sans le consentement des propriétaires.

Les mots sont changés ; les choses restent les mêmes.

Les écrits de M. Proudhon méritent d'être brûlés au milieu d'un bagne.

Il a nié et insulté Dieu.

Il a traité la justice d'infâme.

Il a fait de la propriété le vol.

Il nie le suffrage universel.

Il appelle la charité une infâme mystifi-
cation,

La pitié, la vertu, la religion, la patrie,
des masques.

Il n'y a rien de sacré pour cet homme ;
il répand sur tout son venin et son poison. Les mauvaises passions de l'humanité
trouvent seules grâce devant lui. Et cependant il a commencé sa vie par la pu-
blication des Pères de l'Eglise. Fils d'un
pauvre tonnelier, il a été élevé gratuite-
ment dans un collége. Son manteau de sa-
vant a préservé le démolisseur des attein-
tes de la justice, et c'est parce que cette
justice ne l'a pas frappé autrefois que ses
écrits se réimpriment aujourd'hui, et in-
sultent à la morale et à la pudeur pu-
bliques.

La bouteille de poison répand son con-
tenu dans les esprits disposés aux mauvaises semences.

La tribune nationale a fait, dit-on, justice de cet homme ; ses doctrines ne pou-
vaient supporter le grand jour, le grand
jour les a tuées, détrompez-vous. Pour les

esprits justes et honnêtes, M. Proudhon n'existait pas, il le savait fort bien. Mais ce n'était pas pour les gens honnêtes qu'il parlait. Son espoir c'était d'être entendu au dehors, c'était de parler aux esprits mauvais, envieux et corrompus. Son espoir, en un mot, c'était la *guerre sociale*, c'est-à-dire la plus horrible et la plus détestable de toutes les guerres.

Il a dit que le *droit au travail* était l'abolition de la propriété, il a menti. — La propriété c'est le droit du travailleur. Le droit au travail c'est la garantie du pain accordée à celui que le travail n'a pas encore récompensé.

Le citoyen Proudhon prend son exemple en 1793 et soutient qu'alors la propriété paya sa dette à la République. Le citoyen Proudhon est encore dans l'erreur, les bons citoyens firent des dons volontaires, mais l'impôt décrété ne fut pas payé parce que la France manquait d'argent. Je soutiens, du reste, que si la France se retrouvait en danger, l'Assemblée nationale aurait le droit de frapper le revenu d'un impôt. Quand chaque citoyen verse son sang pour la patrie, il est juste que le riche donne son or.

Le système de Proudhon tend à supprimer toutes les monnaies. L'échange, voilà le grand remède à nos maux ; l'échange doublerait les débouchés et ferait qu'au lieu de consommer 75 c., nous consommerions tous pour 7 fr. 50 c. J'ai déjà vu l'échange à l'œuvre, et il est loin de produire d'aussi beaux résultats (1) ; l'échange n'a pas été inventé par M. Proudhon, pas plus que ses belles théories sur la justice et la propriété ; l'échange est vieux comme le monde. Pour qu'il pût subsister sans le secours de l'or et de l'argent, il faudrait que toutes les industries pussent produire des produits égaux. Tant que le grand M. Proudhon n'aura pas trouvé l'égalité des produits, je le défie de faire de sa banque d'échange la pierre philosophale du genre humain.

Dans son horreur de la propriété, il

(1) Voyez la Société d'échange de Marseille, fondée en 1831.

attaque jusqu'aux caisses d'épargne, cette première étape que fait le travailleur avant de devenir propriétaire, c'est-à-dire avant d'avoir du pain assuré pour sa vieillesse. Vivre au jour le jour en jouissant le plus possible et en ne songeant jamais au lendemain, telle est la doctrine des porcs à l'engrais et du citoyen Proudhon, telle est la morale que ce citoyen voudrait voir adoptée par les ouvriers. *Il aime tant les prolétaires !*

Il a trouvé un petit moyen bien doux, bien anodin, pour tuer la propriété, c'est d'établir une banque nationale qui prêtera à 0 pour cent les 2 milliards qu'elle aura dans sa caisse. Mais où trouver ces 2 milliards. Ce bon monsieur Proudhen le sait bien, allez. Cette banque, prêtant pour rien, fera nécessairement tomber la rente et le prix des propriétés; dès que l'on pourra avoir de l'argent pour rien, il est bien certain qu'on aura également pour rien les maisons et les propriétés, on ne payera donc plus ni rentes, ni loyer. Mais comme le citoyen Proudhon est généreux, il laissera aux propriétaires le droit de faire des réparations.

Suivant le grand réformateur, la République est incompatible avec la propriété, car en février 1848 tous les contrats ont été abolis de droit, la propriété a été supprimée, et si les débiteurs paient encore ce qu'ils doivent, c'est qu'ils le veulent bien.

Le citoyen Proudhon oublie à dessein que les combattants de Février fusillaient les voleurs. Il croit avoir le droit d'insulter la Révolution de Février comme il insulte le socialisme ; s'il touche à de bonnes idées c'est pour les salir. Si l'Assemblée a des mouvements généreux il se hâte de parler pour les arrêter. Il s'associe à un projet de réforme pour le tuer, il se dit le représentant du prolétariat pour avoir le droit de nuire aux prolétaires ; s'il demande une amnistie pour les insurgés de Juin, il le fait en des termes tels qu'il fait éclater la colère de ceux dont il sollicite la clémence. Il est donc bien maladroit. — Maladroit. — Non, il est malfaisant, voilà tout le secret des contradictions et des maladresses de ce prétendu logicien.

Il se dit le représentant du socialisme, et il ne trouve que trop de gens disposés à le croire; les ennemis de tous les progrès sont trop heureux quand ils rencontrent devant eux des hommes comme Proudhon, des hommes qui ont en eux le génie du mal.

« Annihiler la propriété, ce n'est pas la détruire (dira-t-il gravement); fusiller les propriétaires, ce n'est pas relever l'échafaud. »

En attendant, le citoyen Proudhon se fait le négateur de tous les principes, de toutes les lois, de tous les droits. — Pourquoi? parce que cette négation prépare l'anarchie et que le système entier de Proudhon ne peut vivre que dans l'anarchie, dans l'anarchie suprême qui prélude au néant.

Le citoyen Proudhon nie le suffrage universel, parce qu'il a produit l'Assemblée nationale, et que le suffrage universel, quoi que l'on puisse faire, sera toujours l'écho du peuple, c'est-à-dire l'expression dé la volonté suprème de la France. Or, Proudhon sent bien son isolement; s'il élève la voix ce n'est pas pour convaincre; il ne veut pas de prosélytes; s'il parle c'est pour empêcher l'ordre de se rétablir, et la confiance de renaître.

Le jour où la France sera heureuse et libre, M. Proudhon se pendra, ou mourra de désespoir comme le serpent qui a perdu son dard.

Le jour où l'Assemblée nationale a donné M. Thiers pour rival à M. Proudhon, elle lui a construit un piédestal; l'habileté et la mauvaise foi de M. Thiers étaient de trop dans le débat, pour prouver la fausseté des doctrines de Proudhon, il suffisait de la voix d'un honnête homme.

Dans la séance du 31 juillet la colère était de trop; puisqu'on avait fait la faute d'ouvrir la tribune à l'homme qui allait la souiller pendant trois heures, il ne fallait avoir pour lui que du dédain et du mépris. Les interpellations les plus violentes se sont croisées, sans que le rouge de la honte ait couvert le front de Proudhon;

il a entendu sans sourciller les vérités les plus flétrissantes, sans qu'un mot parti du cœur ait témoigné que quelque chose battait dans sa poitrine.

Ce n'était ni un fanatique ni un penseur, c'était une espèce de gros épicier, blond et jouflu, qui promet d'avoir du ventre, et qui en attendant pesait, disséquait, distribuait sa marchandise; cette marchandise c'était la société, la propriété, la morale et la famille.

Pour lui tout était un fait qu'il expliquait à sa manière; le citoyen Proudhon ne voit le droit nulle part, pas même dans l'Assemblée nationale; la force seule nous régit, suivant lui, et si les insurgés de Juin avaient eu la force, ils auraient eu le droit. De pareilles doctrines n'ont pas lieu d'étonner de la part du défenseur du vol, qui tout en niant le pouvoir légal délégué aux représentants du peuple, leur reconnaît le droit de faire la *constitution*. Nous n'en finirions pas si nous voulions dans cette étude faire ressortir toutes les contradictions de ce prétendu socialiste. Nous croyons cependant l'avoir fait suffisamment connaître ; après son échec, il ne lui reste pour se consoler que l'amitié et l'estime du député Greppo, et le dévouement calculé du jeune bonnetier Fauvéty, naïve et intéressante copie de *Jérôme Paturot*.

Nous ne voulons donc ni de M. Thiers ni de M. Proudhon, parce que nous ne voulons ni de la réaction ni de l'anarchie.

Or, M. Thiers, c'est la réaction ; M. Proudhon, c'est l'anarchie *.

SATAN.

AUX REPRÉSENTANTS DU PEUPLE.

Suivant son paradoxe favori que la *propriété c'est le vol*, le citoyen Proudhon ne s'est pas fait faute de dévaliser tous les penseurs, bons ou mauvais. Il a dépouillé le *Code de la nature* de Morelli, et le *Testament du curé Meslier*, comme il s'est

----

* La deuxième partie de ce travail paraît sous le titre de *Proudhon et les Malthusiens*.

fait le plagiaire des meilleures idées de Fourier et de Saint-Simon. Mais il ne faut pas qu'une bonne idée périsse parce que le citoyen Proudhon s'en est fait le *propriétaire;* vous saurez distinguer ce qu'il y a de bon de ce qu'il y a de mauvais, et vous ne vous laisserez pas tromper par l'homme qui fait tout au monde pour faire repousser le *droit au travail,* qui sera une des pierres angulaires de la République.

Le progrès lent mais continuel, voilà ce que vous opposerez aux défiances d'un peuple qu'on égare, et aux sinistres prédictions de cette mauvaise copie de Néron, qui n'allait au faubourg Saint-Antoine que pour assouvir une curiosité impie, et admirer *l'horreur sublime* de la *canonnade* et de l'incendie.

Il y avait pour un représentant un plus noble rôle, c'est pour le remplir que le brave et malheureux Dornès est tombé sous des balles fratricides.

Paris. — Imprimerie d'A. René, rue de Seine, 32

www.ingramcontent.com/pod-product-compliance
Lightning Source LLC
Chambersburg PA
CBHW051748050726

47598CB00003B/1389